bi:libri-Ausgabe 2014
© 2014 NordSüd Verlag AG, Heinrichstrasse 249, CH-8005 Zürich
Alle Rechte, auch die der Bearbeitung oder auszugsweisen Vervielfältigung,
gleich durch welche Medien, vorbehalten.
Herausgegeben in Kooperation mit Edition bi:libri, München.
Übersetzung ins Englische: Dr. Kristy Clark Koth
© 2014 Edition bi:libri, München
Lithografie: Weiß-Freiburg GmbH, Deutschland
Druck und Bindung: Grafisches Centrum Cuno GmbH & Co. KG, Calbe, Deutschland
ISBN 978-3-19-649596-6
1. Auflage 2014
www.nord-sued.com
www.edition-bilibri.de
www.hueber.de/bilibri
Bei Fragen, Wünschen oder Anregungen schreiben Sie bitte an: info@nord-sued.com

Paul Friester · Philippe Goossens

Heule Eule
Howl Owl

Nord
Süd   bi:libri

An einem Nebeltag hörte man im Wald ein
schreckliches Heulen: „U-HUU-HUUU-HUUUU!"
Die Tiere erschraken.
War das ein Wolf?

One foggy day, a terrible howling could be
heard in the woods: "HOO-HOOO-HOOOO!"
The animals were frightened.
Was that a wolf?

Der Igel stellte mutig seine Stacheln hoch und ging nachsehen.
Doch hinter dem Busch saß kein Wolf …

The hedgehog bravely raised his spines and went to take a look.
What he found sitting behind the bush was not a wolf…

… sondern eine kleine Eule, die schrecklich laut heulte.
„Was ist los?", fragte der Igel. „Bist du aus dem Nest gefallen?"
Die kleine Eule schüttelte den Kopf und heulte weiter.

…but a little owl that was howling terribly loudly.
"What's the matter?" asked the hedgehog.
"Did you fall out of your nest?"
The little owl shook her head and howled some more.

Da landete ein Rabe neben der kleinen Heule Eule und fragte:
„Krah – willst du mit den bunten Steinchen spielen?"
Doch sie schüttelte den Kopf und heulte weiter.

A raven landed next to the little howling owl
and asked: "Caw – do you want to play with
these colorful pebbles?"
But the little owl shook her head and
howled some more.

Nun hüpfte ein Eichhörnchen daher und rief:
„Die kleine Eule hat bestimmt Hunger!"
Sie steckten ihr eine Nuss in den Schnabel,
aber die Heule Eule spuckte sie wieder aus
und heulte weiter.

Then a squirrel scampered over and cried:
"The little owl must be hungry!"
He stuck a nut into the little owl's beak,
but the howling owl spit it out again
and howled some more.

„Eulen essen keine Nüsse, du Nuss!", sagte der Maulwurf,
der seinen Kopf aus der Erde steckte. Er wuselte zur kleinen
Eule und versprach: „Wenn du aufhörst zu heulen, schenke ich
dir was Schönes!"

"Owls don't eat nuts, you nut!" said the mole, who had just
stuck his head out of the earth. He scurried over to the little
owl and promised: "If you stop howling, I will give you something
really beautiful!"

*Der Maulwurf machte eine hübsche Kette aus
Wiesenblumen. Aber die kleine Heule Eule
schüttelte den Kopf und heulte weiter.*

The mole made a pretty necklace out of wild
flowers. But the little howling owl shook
her head and howled some more.

Nun kam der alte Hirschkäfer angekrabbelt und sagte streng:
„Jetzt ist aber Schluss mit der Heulerei! Früher hätte es so
etwas nicht gegeben. Soll ich dich in den Po zwicken?"
Jetzt heulte die kleine Eule noch viel, viel lauter.

Next the old stag beetle came scuttling over and said sternly:
"That's enough of all this howling! We wouldn't have had this
nonsense in the old days. Should I pinch you on your bottom?"
Then the little owl howled much, much louder.

„Man darf doch einer kleinen Eule keine Angst machen!", schimpften die Tiere.
Der Hirschkäfer schämte sich und sagte: „Ich habe doch nur Spaß gemacht.
Schaut, da ist ein altes Spinnennetz zum Schaukeln. Kleine Eulen mögen das!"

"You can't go around scaring little owls like that!" scolded the animals.
The stag beetle felt ashamed and said: "I was just teasing. Look!
There's an old spider web for her to rock in. Little owls like that!"

Sie schaukelten die kleine Eule hin und her. Der dicke Maulwurf brummte
sogar ein Schlaflied. Doch die kleine Heule Eule heulte weiter.
Bis sie plötzlich aus dem Schaukelnetz flog …

They rocked the little owl back and forth. The chubby mole even hummed a lullaby.
But the little howling owl howled some more.
Until she suddenly flew out of the rocking web…

… und zu Mama Eule flatterte! Diese umarmte ihr Kind und fragte:
„Na, kleine Heule Eule – warum heulst du denn so?"
Alle Tiere spitzten die Ohren. Das wollten sie auch gerne wissen!
Die kleine Eule hörte auf zu heulen. Sie schniefte, dachte nach und piepste
dann leise:

…and fluttered up to Mommy Owl! Mommy Owl took her child in her arms
and asked: "Hey, little howling owl – why are you howling like that?"
The animals all perked up their ears. They wanted to know why, too!
The little owl stopped howling. She sniffled, thought for a moment and
peeped quietly:

„Ich hab's vergessen.“

"I can't remember."

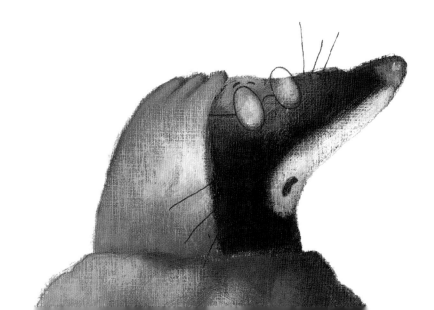